THIS BOOK BELONGS TO

1

YOUR DRAWINGS

YOUR DRAWINGS

YOUR DRAWINGS

7

YOUR DRAWINGS

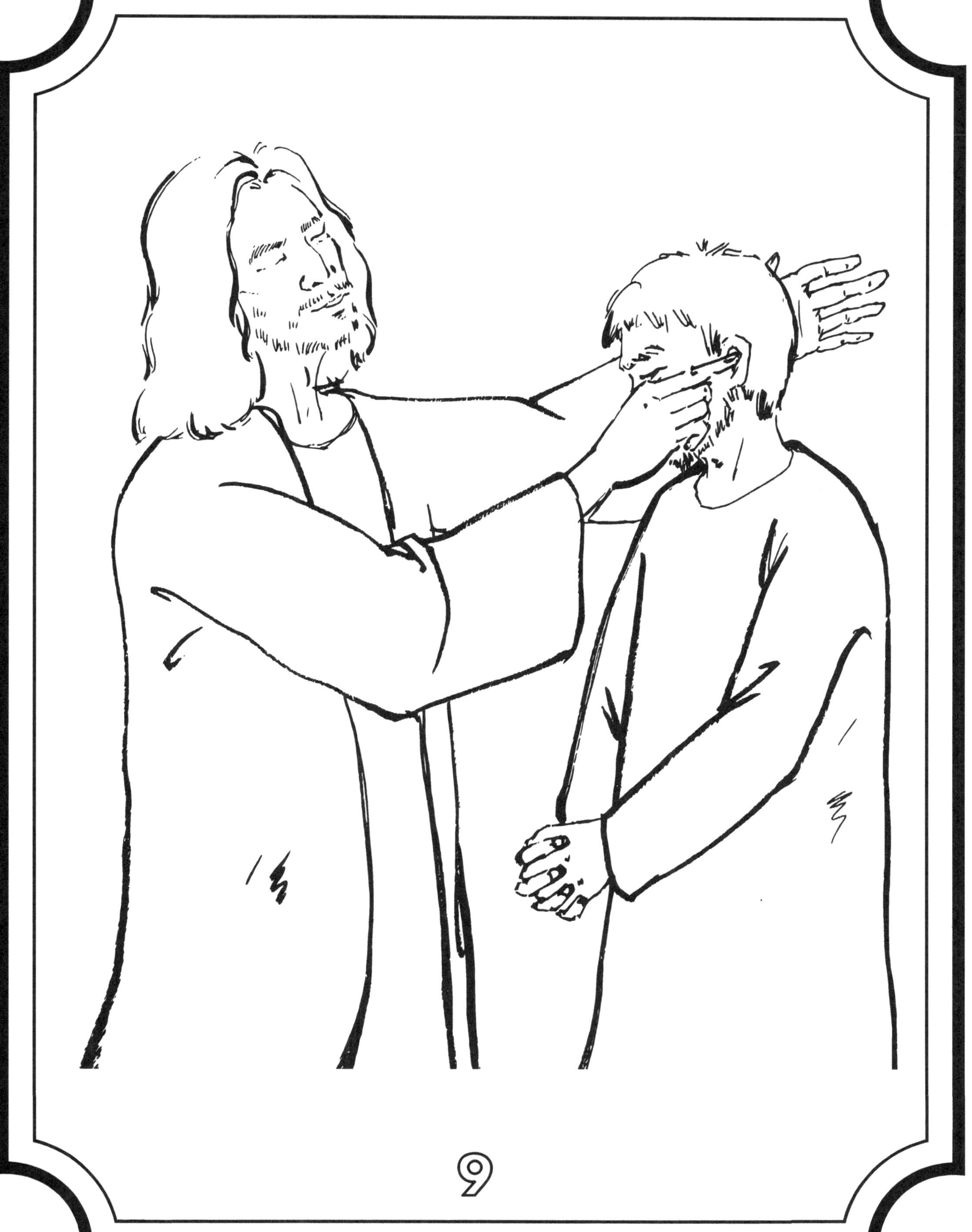

9

YOUR DRAWINGS

YOUR DRAWINGS

YOUR DRAWINGS

15

YOUR DRAWINGS

YOUR DRAWINGS

19

YOUR DRAWINGS

YOUR DRAWINGS

23

YOUR DRAWINGS

YOUR DRAWINGS

YOUR DRAWINGS

YOUR DRAWINGS

33

YOUR DRAWINGS

35

YOUR DRAWINGS

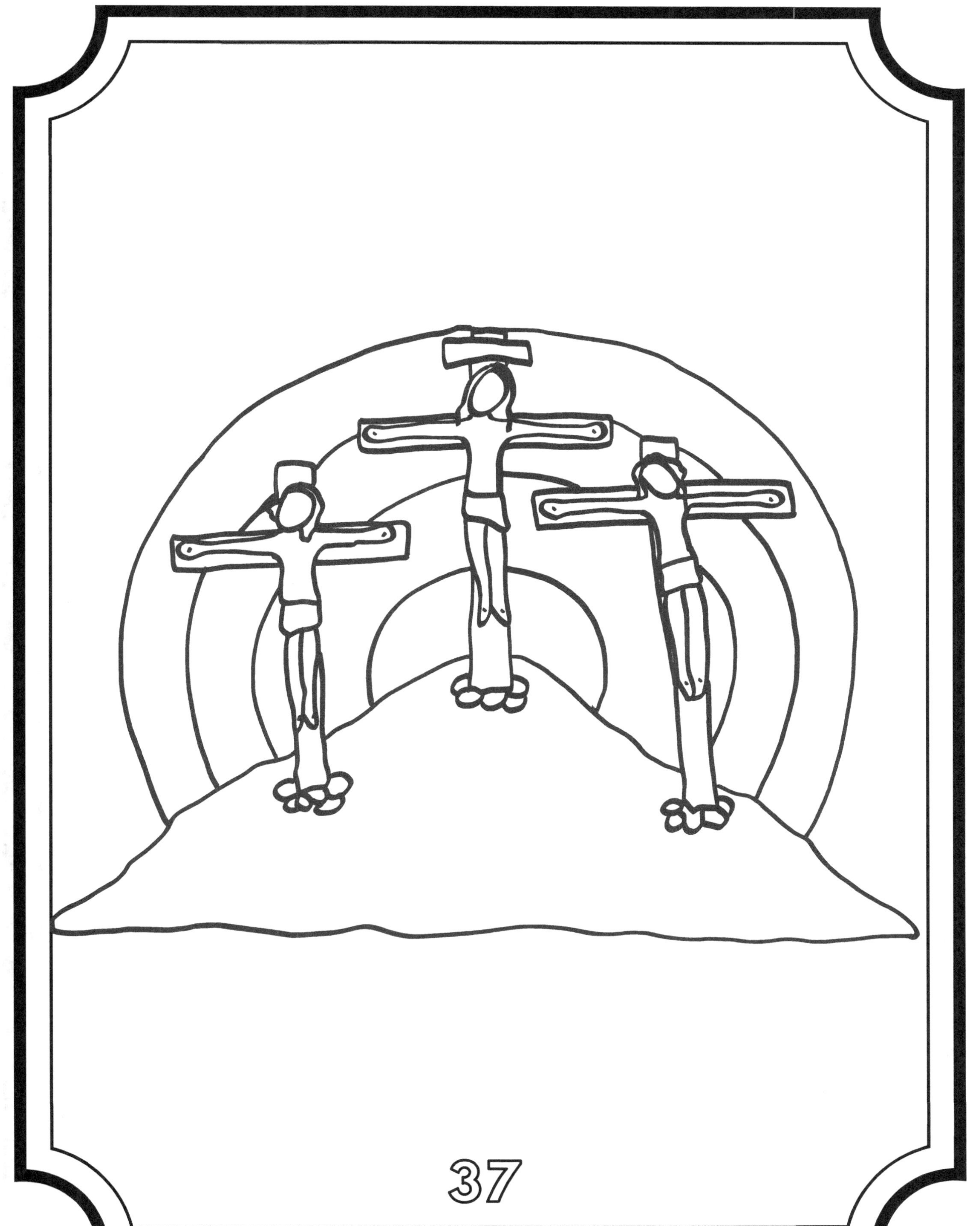

37

YOUR DRAWINGS

39

YOUR DRAWINGS

YOUR DRAWINGS

43

YOUR DRAWINGS

YOUR DRAWINGS

YOUR DRAWINGS

YOUR DRAWINGS

YOUR DRAWINGS

53

YOUR DRAWINGS

55

YOUR DRAWINGS

59

YOUR DRAWINGS

61

YOUR DRAWINGS

63

YOUR DRAWINGS

YOUR DRAWINGS

YOUR DRAWINGS

69

YOUR DRAWINGS